# THE STORY OF ANA/LA HISTORIA DE ANA

# La Historia De Ana
## Por
## Ely Patricia Martinez Vasquéz

(con la ayuda de Ana Lorena Sanarabia y otras)

# The Story of Ana
## By
## Ely Patricia Martinez Vasquéz

(with the help of Ana Lorena Sanarabia and others)

PASADENA, CALIFORNIA

Copyright ©1985 by
Hope Publishing House
P.O. Box 60008
Pasadena, California 91106

All rights reserved.
Published in the U.S.A.

ISBN 0-93 2727-01-8

Thank you, gracias a
- Charles Rosen for book design, typesetting, and layout
- Linda Turner for book design
- Ana Julia Portillo of ANDES (Asociación Nacional de Educadores Salvadoreños- National Association of Salvadoran Educators) for proofreading and translating the introduction
- Rodrigo Pinos for editing
- Sue Talbot for camera work and encouragement

## Introduction

This is a story about a girl who comes from El Salvador to Los Angeles. Since books in school don't always reflect the real experience of the young people who read them, I helped Ely and some friends to write this one. Some other young people liked the story so much, they drew pictures to illustrate it. Some of them even wrote their own stories. We hope you'll write your story, too.

## Introducción

Esta es una historia de una nina que viene de El Salvador a Los Angeles. Como los libros de la escuela no siempre reflejan la verdadera experiencia de la juventud que los lee, yo ayudé a Ely y unas amigas a escribir ésta. A algunos jovenes les gustó tanto que dibujaron para illustrarla. Algunos escribieron sus propias historias. Esperamos que también tú escribas tu propia historia.

—**Donna Cassyd**

Once there was a girl named Ana. And she lived in a house in San Salvador. She had a baby brother and a little sister. She also had a mother and a father.

She was twelve years old. She went to Santa Ana School. She had only one teacher and she went to school from eight to twelve. She studied math, science, social studies and history. The teacher was kind. There were thirty-five students in her class.

At twelve o'clock, she went home and made lunch. She made beans and eggs for her family because they were poor, very poor. (If they had been rich they would have eaten chicken and fruit and dessert.)

Había una vez una niña llamada Ana. Vivía en una casa en San Salvador. Tenía un hermano tiernito y una hermana pequeña. También tenía madre y padre.

Ella tenía doce años. Iba a la escuela Santa Ana. Tenía solamente una maestra y iba a la escuela de ocho a doce. Estudiaba matematicas, ciencias, estudios sociales e historia. La maestra era buena. Había treinta y cinco estudiantes en la clase.

A las doce en punto, ella se iba a su casa o hacía el almuerzo. Hacía frijoles y huevos para su familia, porque eran pobres, muy pobres. (Si hubieran sido ricos, hubieran comido pollo, fruta, y postre.)

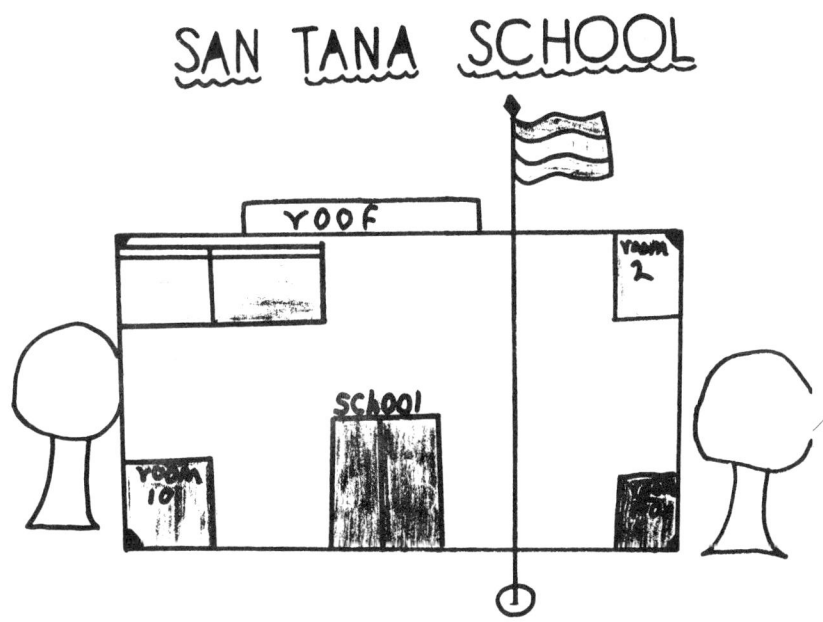

Ana's mother stayed home but her father worked at a farm outside the city. He took care of the animals and fed them. It took him about an hour to get to the farm on foot.

When Ana came home from school, she helped her mother clean the house. Their house had a kitchen, a bathroom and a living room. They didn't have a bedroom; they had their beds in the living room. Ana washed the dishes and waxed the floors. She washed the clothes by hand in the lavadero in the yard. Then she dried the clothes in the sun. She would also wash the dishes in the lavadero, and take a bath there, too.

La Mamá de Ana se quedaba en casa, pero su papá trabajaba en una granja fuera de la ciudad. Cuidaba animales y les daba de comer. Se tardaba como una hora en llegar a la granja a pie.

Cuando Ana llegaba a la casa de la escuela, ayudaba a su mamá a limpiar la casa. La casa tenía cocina, baño y sala. No tenían un dormitorio: tenían sus camas en la sala. Ana lavaba los platos y enceraba los pisos. Lavaba la ropa a mano en el lavadero en el patio. Después secaba la ropa al sol. También lavaba los platos en el lavadero y se daba un baño ahí.

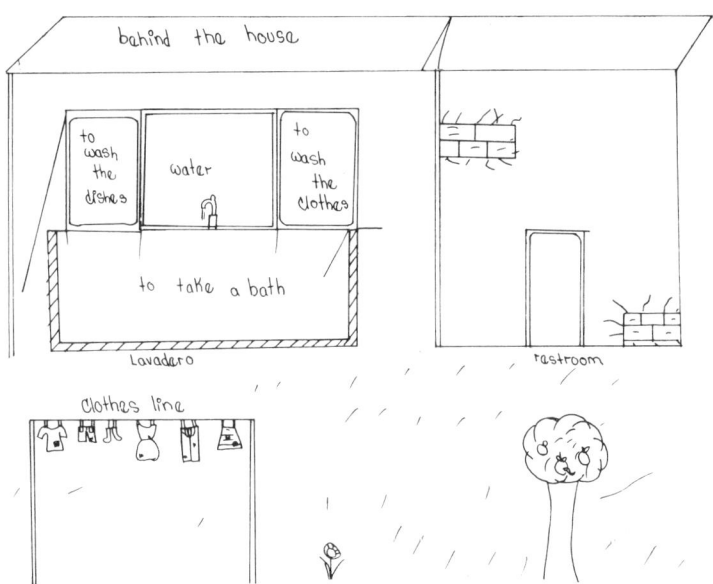

She went to school all year long. On the weekends, she went to the park and played tag with her friends. It was a very little park near the church. There were stores in the park that sold candies, sodas, and ice cream. Mostly children were in the park.

She went to church every Sunday at twelve. Then she went to her aunt's house and played with her cousins. She was happy in San Salvador because her family was all together, but she wasn't happy because they were poor. She didn't have enough to eat. She dreamed of coming to Los Angeles. Her friends had told her about Los Angeles.

Ella iba a la escuela todo el año. Los fines de semana iba al parque y jugaba el tócame tú con sus amigos. Era un parque muy pequeño cerca de la iglesia. En el parque había tiendas donde vendián dulces, sodas, y helados. Había sobre todo niños en el parque.

Ella iba a la iglesia todos los domingos a las doce. Despúes iba a la casa de su tía y jugaba con sus primos. Estaba contenta en San Salvador porque toda su familia estaba junta, pero no estaba contenta porque eran pobres. No tenía lo suficiente para comer. Soñaba en venir a Los Angeles. Sus amigas le habían contado de Los Angeles.

There was a war in the country. They killed many people. Most of them were men, but they killed children and women, too.

The war was in the city, too. There were many men and women fighting. She didn't know why they were fighting. She heard the guns on her street. She hugged her mother when she heard the guns. Her mother cried. Her father told them not to be afraid, that nothing would happen to them.

She saw so many people in the street shooting. She saw them through the window. They didn't take the people to the cemetery because there was no more room. They put all the people in one hole.

Había guerra en el país. Mataban a mucha gente. La mayor parte eran hombres, pero también. mataban a niños, y mujeres.

La guerra estaba también en la cuidad. Había muchos hombres y mujeres peleando. Ella no sabía por qué estaban peleando. Oía los balazos en su calle. Abrazaba a su mamá cuando oía los balazos. Su mamá lloraba. Su papá les decía que no tuvieran miedo, que nada les iba a pasar a ellos.

Ella veía a tanta gente en la calle disparando. Los veía por la ventana. No llevaban a la gente al cemeterio, porque no había más espacio. Ponían a toda la gente en un hoyo.

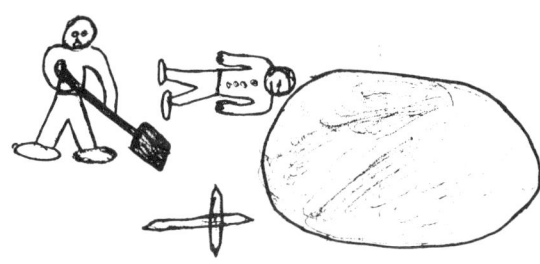

She wanted to come to Los Angeles because there wasn't a war here. They knew in El Salvador about Los Angeles because her friend's uncle was here and he wrote to her.

One day, at two in the morning, they got up and they packed only their shoes and their clothes in a bag. They went to the bus station near their house and took a bus to Guatemala. It took about five or six hours. It cost about 100 colones. Then they got to Esquipulas in Guatemala and they started walking.

They walked in the countryside. They bought food. They walked through mountains. There were five of them. They carried the baby. But they rested. They slept outside with blankets.

Ella quería venir a Los Angeles porque aquí no había guerra. Ellos en El Salvador sabían de los Estados Unidos porque el tío de su amiga estaba aquí y les escribia.

Un día, a las dos de la mañana, se levantaron y empacaron sólo su ropa y sus zapatos en una bolsa. Fueron a la estación de autobuses cerca de su casa, y tomaron el autobús a Guatemala. Les llevó como cinco o seis horas. Les costó como 100 colones. Después, llegaron a Esquipulas en Guatemala y empezaron a caminar.

Caminaron en el campo. Compraron comida. Caminaron por las montañas. Eran cinco. Cargaban al niño. Pero descansaban. Dormían afuera con sábanas.

When they got to Mexico, they took a bus to Tijuana. The bus took three and a half days. They were tired, and the bus stopped in places where they could buy food. In Tijuana, they stayed in a friend of Ana's father's house for one day. It was different. They talked different. Sometimes she didn't understand their Spanish. They used pesos in Mexico instead of colones. And the weather was different. It was cold. In Salvador it's hot.

Ana's family separated in Tijuana. The father went from Tijuana to Mexicali and then across to Calexico. And their uncle came from Los Angeles to get the rest of them by car. He brought green cards from his family for Ana and her sister and baby brother and their mother, so they could pass over the border. They were scared when they passed by customs. They played like they were asleep.

Cuando llegaron a México, tomaron un autobús a Tijuana. El bus tomó 3 días y medio. Estaban cansados, y el autobús paraba en lugares donde podían comprar comida. En Tijuana, se quedaron en la casa de un amigo del papá de Ana, por un día. Era diferente. Ellos hablaban diferente. Algunas veces ella no entendia su español. En México usaban pesos en vez de colones. El tiempo era diferente. Hacía frio. En El Salvador hace calor.

La familia de Ana se separó en Tijuana. El papá fue de Tijuana a Mexicali, y después atravezó a Caléxico. Y el tío de Ana vino a Tijuana de Los Angeles a traer al resto de ellos en carro. Trajo tarjetas verdes de su familia, para Ana, el tiernito y la mamá de Ana. Para que pudieran pasar por la frontera. Tenían miedo cuando pasaron por la aduana. Hacían como que estaban dormidos.

Then they passed the border and started on the way to Los Angeles. They went to their uncle's house. They saw the buildings. Their uncle was staying in a building they thought was all his house. They saw all the windows in the apartment building and they thought they would each have a whole room for themselves.

They walked inside and looked at all the apartments. Ana wanted to look. Then when they walked into their apartment, there were only two bedrooms and Ana had to sleep in the living room with her cousin, and she had wanted her own room.

Then they went to eat to the dining room. They ate chicken soup, rice and salad. Then they had dessert.

Ana and her family were happy because they ate well. After eating, they went to sleep. Then the next day they got up early and Ana and her sister saw their cousins go to school. They wanted to go to school, too. But they couldn't go yet. They had to wait for their father to arrive.

Después cruzaron la frontera y llegaron al camino de Los Angeles. Llegaron a la casa de su tío. Vieron los edificios. Su tío estaba viviendo en un edificio que ellos pensaron que era todo suyo. Vieron todas las ventanas en el edificio y pensaron que cada una de ellos tendría un cuarto para ellos solos.

Caminaron adentro y vieron todos los apartamentos. Ana quería ver. Después caminaron dentro de su apartamento, había sólo dos recámaras y Ana tenía que dormir con su prima en la sala, y ella hubiera querido su propio cuarto.

Después fueron a comer en el comedor. Comieron sopa de pollo, arroz, y ensalada. Después comieron postre.

Ana y su familia estaban contentos porque comieron bien. Después de comer, se fueron a dormir. El día siguiente se levantaron temprano y Ana y su hermana vieron a sus primos ir a la escuela. Ellas tambien querían ir a la escuela. Pero todavía no podían ir. Tenían que esperar a que llegara su papá.

    Their father arrived in the afternoon. They were happy. They hugged their father and kissed him.

    When their cousins and uncle got home, they were happy because Ana's father was at home and he was safe. Ana's uncle had something important to tell Ana's father. He had found a job for him in the same place he worked. He worked in a factory where they made parts of airplanes and cars.

    Then Ana's father went to work the next day. Then he got paid very well, $200 a week. He worked hard. He worked overtime. They were happy because they found their own apartment to live in. It had five rooms including the bathroom and the kitchen. Ana didn't have her own room yet, but she was happy because the room was very big and there was a lot of space for her to play in.

Su papá llegó en la tarde. Ellos estaban contentos. Abrazaron a su papá y lo besaron.

Cuando sus primos y tío llegaron a la casa, estaban contentos porque el papá de Ana estaba en casa a salvo. El tío de Ana tenía algo muy importante que decirle al papá de Ana. Había encontrado un trabajo para él en el mismo lugar donde él trabajaba. Trabajaba en un lugar donde hacían piezas para aviones y carros.

El papá de Ana fue a trabajar el día siguiente. Le pagaron muy bien, $200 a la semana. Trabajaba duro. Trabajaba horas extra. Estuvieron muy felices porque encontraron su propio apartamento donde vivir. Tenía cinco cuartos incluyendo el baño y la cocina. Ana todavía no tenía su proprio cuarto, pero estaba contenta porque el cuarto era muy grande y tenía mucho espacio en donde jugar.

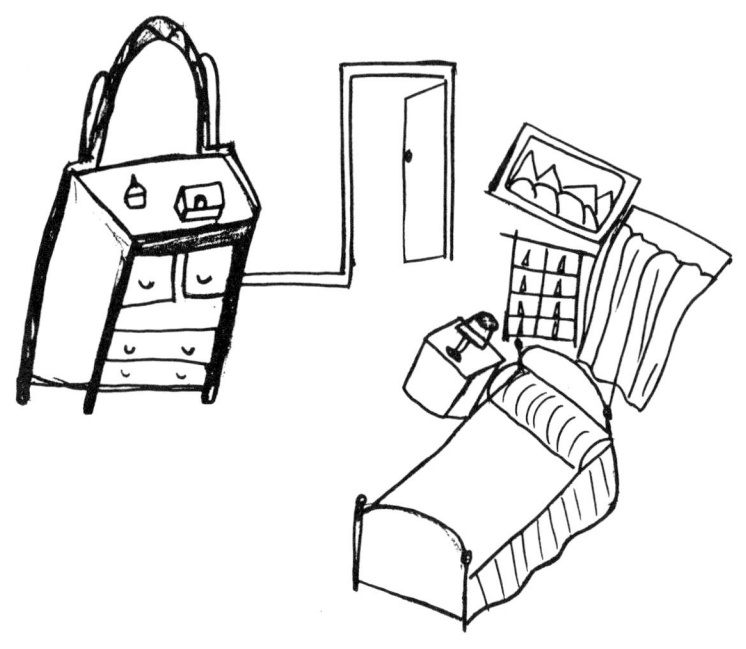

    She had to share the room with her sister. Her parents slept in another room with the baby. The next day, their mother took them to school. They all got in English as a Second Language class. Ana had no friends the first day, but the next day all the children found out that she was a kind girl. And they all decided to be her friends. But she was sad about one thing. The teacher spoke only English and Ana felt dumb because she didn't understand her. And all the other children did.

Tenía que compartir el cuarto con su hermana. Sus papás dormían en otro cuarto con el tiernito. El día siguiente, su mamá las llevó a la escuela. Las dos entraron a clases de inglés como segundo lenguaje. Ana no tenía amigas el primer día, pero el siguiente día todos los niños supieron que era niña buena, y todos decidieron ser sus amigos. Pero ella estaba triste por una cosa. La maestra sólo hablaba inglés y Ana se sentía tonta porque no le entendía. Y todos los demás niños sí.

On that first day, after third period, at noon, Ana thought she was going home, but her friends told her that they were going to eat lunch. So she went with her friends and when she got her food (a friend lent her money because she didn't have enough), she was very happy. She had never in her life seen so much food. She ate it all—a hamburger, French fries, salad, milk and fruit. When she saw the hamburger, she didn't know what it was. She had never seen one before. The next morning, she paid her friend the money she had lent her. That day she had money to pay for her breakfast. She was happy when she saw what she was going to eat for breakfast, too: cheese toast, chocolate milk, and orange juice. Then when she went to her homeroom, she got her tickets for meals. Then every day she ate well and she didn't have to pay for her food.

Ese primer día, después del tercer período, a medio día, Ana pensó en irse a casa, pero sus amigas le dijeron que iban a comer almuerzo. Así que se fue con sus amigas y cuando agarró su almuerzo (una amiga le prestó dinero porque no tenía lo suficiente) estaba muy contenta. Nunca en su vida había visto tanta comida. Se la comio toda—una hamburguesa, no sabia qué era. Nunca había visto una. La mañana siguiente le pagó a su amiga el dinero que le había prestado. Ese día tenía dinero para pagar por su desayuno. Ella estaba también contenta cuando vió lo que iba a comer como desayuno: pan tostado con queso, chocolatina y jugo de naranja. Después cuando fue a su clase le dieron los boletos para las comidas. Entonces todos los días comía bien y no tenía que pagar por la comida.

Sometimes she didn't understand her friends when they called her because they called her by her first name. Her whole name was Ely Ana Sanchez Castillos. Sanchez was her father's name and Castillos was her mother's name. She had always been called Ana Sanchez. Here she felt strange because the school called her Ely Sanchez. She didn't like it that way but she couldn't complain because that's the way they do it at school. When you come to school you give your whole name and they just call you your first name and your father's last name. They don't ask you what you want to be called.

Ana was a good student. She learned a lot of English in a very short time. Her family was very proud of her. She always got good grades in school and her sister did too, but not as good as Ana's.

Algunas veces no entendía cuando sus amigas la llamaban porque la llamaban por su primer nombre. Su nombre completo era Ely Ana Sánchez Castillos. Sánchez era el apellido de su papá, y Castillos el de su mamá. Ella siempre se había llamado Ana Sanchez. Aquí se sentía rara, porque la escuela le llamaba Ely Sanchez. A ella no le gustaba de esa manera pero no podía protestar porque ésa es la manera como lo hacen en la escuela. Cuando vienes a la escuela tú das tu nombre y ellos sólo te llaman por tu primer nombre y el apellido de tu papá. No te preguntan cómo quieres que te llamen.

Ana era buena estudiante. Aprendio mucho inglés en muy corto tiempo. Su familia estaba muy orgullosa de ella. Siempre le daban buenas notas en la escuela, y a su hermana también, pero no tan buenas como a Ana.

She missed her grandparents and friends in San Salvador, but she didn't want to go back. She remembered what bad things had happened there. She wanted to live in Los Angeles until the war ended. After the war ended, she would go back to El Salvador and live with her grandparents. She would never come back.

The End

Ella extrañaba a sus abuelitos y amigos en San Salvador, pero no se quería regresar. Se acordaba de todas las cosas malas que habían pasado ahi. Quería vivir en Los Angeles hasta que se acabara la guerra. Después que terminara la guerra, ella se iría de regreso a El Salvador y viviría con sus abuelitos. Nunca volvería acá.

Fin

# Illustrations

| | |
|---|---|
| Elia Guzmán | Cover |
| Karla Lopez | page 2 |
| Carolos Portillo | page 3 |
| Jorge Aguilar | page 4 |
| Ely Patricia Martinez-Vasquéz | page 5 |
| Ely Patricia Martinez-Vasquéz | page 6 |
| Ely Patricia Martinez-Vasquéz | page 7 |
| Sergio Cruz | page 8 |
| Wilfredo Hernandez | page 9 |
| Jorge Aguilar | page 10 |
| Ely Patricia Martinez-Vasquéz | page 11 |
| Nelson Juarez | pages 12, 13 |
| Anonymous | page 14 |
| Ely Patricia Martinez-Vasquéz | page 15 |
| Ely Patricia Martinez-Vasquéz | page 16 |
| Anonymous | page 17 |
| Anonymous | page 18 |
| Linda Abigail Flamenco | page 19 |
| Irma Ortiz | page 20 |
| Masiel Munguia | page 21 |
| Anonymous | page 22 |
| Anonymous | page 23 |
| Corina Morales | page 24 |
| Anonymous | page 25 |

*To order an additional copy or copies of:*

**THE STORY OF ANA/LA HISTORIA DE ANA**

send $1.95 for each copy plus postage/handling (75¢ for first book, 15¢ for each book thereafter) and tax (13¢ each for Los Angeles County residents; 12¢ for California residents) to:

Hope Publishing House
P.O. Box 60008
Pasadena, CA 91106, U.S.A.

10-19 copies, ordered at one time: 15% discount plus a free teacher's copy.

20 or more copies ordered together: 25% discount plus a free teacher's copy.

HOPE/ISBN 0-932727-01-8   $1.95